VENTE

du Jeudi 31 Mai 1906

Hôtel Drouot, Salle n° 9

TABLEAUX

ANCIENS ET MODERNES

de toutes les Ecoles

DESSINS

Aquarelles, Pastels, Gouaches

GRAVURES

❖ 1906 ❖

Commissaire-Priseur :
Me André COUTURIER

Expert :
M. Paul ROBLIN

CATALOGUE

DE

TABLEAUX

Anciens et Modernes

Des Ecoles Allemande, Française

Flamande, Hollandaise et Italienne

des XVIe au XIXe siècles

ECOLE CONTEMPORAINE

DESSINS

AQUARELLES, PASTELS, GOUACHES

Anciens et Modernes

GRAVURES

DONT LA VENTE AUX ENCHÈRES PUBLIQUES AURA LIEU

Hôtel des Commissaires-Priseurs, rue Drouot, N° 9

Salle N° 9

Le Jeudi 31 mai 1906, à deux heures

Commissaire-Priseur :	Expert :
Me André **COUTURIER**	M. Paul **ROBLIN**
56, Rue de la Victoire	*65, Rue Saint-Lazare*

Exposition avant la Vente de 1 h. 1/2 à 2 heures

CONDITIONS DE LA VENTE

Elle sera faite au comptant.

Les Adjudicataires paieront *dix pour cent* en sus des enchères.

L'Exposition mettant le public à même de se rendre compte de l'état et de la nature des pièces, aucune réclamation ne sera admise une fois l'adjudication prononcée.

DÉSIGNATION

GRAVURES

1. **Defraine** (d'après). Daphnis et Philis. — La
mère de Philis consent à son union. Deux
pièces imprimées en couleurs.

2. **Ecole Anglaise.** Diane au bain, gravure en
couleur.

3. **Gérard** (d'après Mlle). Jeune femme en pied.
Epreuve avant la lettre.

4. **Huet** (d'après). Tête de femme. Epreuve impri-
mée en couleurs.

5. **Robert** (d'après Hubert). Paysage d'Italie, par
Saint Non.

6. **Vernet** (d'après). Histoire de Louis XIV et de
Mlle de Lavallière. Quatre pièces imprimées
en couleurs.

7. **Watson** (J.). Miss Beatson. Gravure à la ma-
nière noire.

8. Dessins, Tableaux et Gravures. Huit pièces non
cataloguées.

DESSINS ANCIENS

9. **Boilly** (Louis). Groupe de Flûtistes. Crayon noir et estompe.

10. **Bouchardon** (Edme). Décoration pour une porte monumentale. Sanguine.

11. **Bouchardon** (Edme). Portrait de pape. Sanguine.

12. **Boucher** (Fr.). Le Berger. Vigoureux dessin au crayon noir rehaussé de blanc sur papier bleu. Signé à droite, sur une borne, et daté 1770.

13. **Boucher** (attribué à Fr.). Paysage, animé de figures. Aquarelle.

14. **Boucher** (attribué à Fr.). Le Moulin. Sanguine.

15. **Boucher** (genre de Fr.). Paysanne portant son enfant. Sépia.

16. **Clérisseau.** Temple en ruines. Encre de chine.

17. **Cochin** le fils (attribué à). L'Eucharistie. Crayon noir et mine de plomb.

18. **Desprès.** Cour intérieure d'un Palais. Plume et lavis d'encre de chine. Signé.

19. **Desprès.** Escalier et Terrasses d'un palais Italien. Plume et lavis d'encre de chine.

20. **Ecole française du 18e siècle**. Paysage animé de figures. Gouache sur parchemin. Cadre ancien en bois sculpté et doré de l'époque Louis XIV.

21. **Ecole française du 18e siècle**. Fillette tenant une poupée. Crayon noir.

22. **Ecole française du 18e siècle**. Paysages. Deux pendants. Gouaches.

23. **Ecole française du 18e siècle**. Cour de ferme, avec personnages. Aux crayons noir et blanc sur papier bleu.

24. **Ecole française**. Portrait de femme en médaillon. Aquarelle.

25. **Espinay** (Mis d'). Dessin en perspective pour démontrer des manœuvres de troupes légères. Aquarelle. On y a joint la gravure.

26. **Fragonard** (Honoré). Paysage d'Italie, avec pont et temple. Vigoureux dessin très largement traité, au lavis de pinceau.

27. **Greuze** (Ecole de J.-B.). Jeune fille tenant un agneau. Pastel.

28. **Lagneau**. Paysanne tenant une corbeille de fruits. Crayons de couleurs.

29. **Lantara**. Paysage animé de figures. Crayon noir rehaussé de gouache sur papier bleu préparé.

30. **Latour** (d'après M.-Q. de). Portrait de Jean-Jacques Rousseau. Pastel.

31. **Lichery** (Louis). L'Accord des Nations pour le moyen de la paix. Très intéressante composition, signée ; elle a été gravée de la dimension du dessin original pour servir d'encadrement à l'Almanach de 1679. A la pierre noire, lavée de bistre, et rehaussée de blanc sur papier brun.

32. **Miniature.** Jeune femme à sa toilette. Gouache ovale. Cadre ancien.

33. **Ozanne.** Rochers et château fort au bord de la mer. Plume et lavis d'encre de Chine.

34. **Parrocel** (Joseph). Choc de cavaliers. Vigoureux dessin à la pierre noire rehaussé de blanc sur papier gris.

35. **Patel** (attribué à). Paysages. Deux gouaches.

36. **Prieur.** Sujet historique. Plume et lavis d'encre de Chine.

37. **Prieur.** Décoration pour salle de bains. Plume et lavis rehaussé d'aquarelle.

38. **Prudhon** (attribué à P. P.). Etude de femme nue. Crayons noir et blanc sur papier bleu.

39. **Taunay.** Scène de théâtre. Sépia.

40. **Van Orley** (Th. Bernard). Judas s'abandonne au désespoir. Esquisse peinte sur papier,

41. **Watteau** (Ant.). Etudes de soldats et de baigneurs. Sept croquis. A la sanguine.

42. **Watteau** (Ant.). Portrait d'abbé. Crayon noir.

43. **Watteau** (attribué à Ant.). Etude de Mezzetin. Sanguine.

DESSINS MODERNES

44. **Berchère** (N.). Vue d'Orient. Aquarelle. (Cachet de la vente).

45. **Breslau** (Mlle L.). Jeune femme assise. Pastel. Signé des initiales et daté, 1889.

46. **Bruneau** (Adrien). Vieux chemineau. Aquarelle, signée.

47. **Cals**. Eglise de village. Plume. (Cachet de l'artiste).

48. **Charlet**. Sujets d'album. Deux dessins au crayon noir. Signés.

49. **Daumier** (H.). L'Amateur. Belle esquisse à la plume et au crayon noir. Signée avec dédicace.

50. **Decamps**. Scène en Algérie. Plume, signé des initiales.

51. **Ecole anglaise**. Portrait de jeune femme tenant une fleur. Crayon noir rehaussé d'aquarelle.

52. **Ecole japonaise**. Scènes de comédie. Deux dessins. Plume.

53. **Ecole de 1830**. Le Maître d'Ecole. Sépia.

54. **Ecole de 1830**. Savant et Soubrette. Aquarelle.

55. **Ecole moderne**. Femme assise. Crayon noir.

56. **Fauché** (Léon). Jeune femme tenant une rose. Pastel signé.

57. **Géricault** (Th.). Le Pansage; feuille de croquis. Plume.

58. **Gigoux** (Jean). Etude d'homme nu. Plume.

59. **Guillaumet** (G.). Kabyles labourant. Pierre noire. Signé.

60. **Harpignies**. Paysage. Encre de Chine. Signé et daté 96.

61. **Isabey** (genre de I.). Portrait de Mme la Duchesse d'Angoulême. Aquarelle.

62. **Jongkind**. Canal avec Moulin à vent. Cachet de la vente. Rotterdam 58.

63. **Le Bourg** (A.). Barque échouée. Plume et lavis d'encre de Chine.

64. **Lepère** (A.). Quai de Grenelle. Aquarelle signée.

65. **Morin** (Edmond). Paysage à Dampierre. Aquarelle signée et datée mars 1871.

66. **Pointelin** (Aug.). Paysage. Crayon noir.

67. **Puvis de Chavanne.** Enterrement d'Abel. Crayon noir signé.

68. **Puvis de Chavanne.** Etude de femme. Crayon noir, signé des initiales.

69. **Raffet** (Auguste). L'Attente : Armée Royale, Chouans. Croquis à la plume.

70. **Robaut** (A.). Portrait d'homme. Aquarelle signée, 1833.

71. **Rukers** (M.). Fleurs de Capucines. Aquarelle signée et datée 1836.

72. **Sinet.** Femme aux cheveux blonds. Pastel signé.

73. **Sinet.** Bords de Seine le soir. Pastel signé.

74. **Sinet.** Baie de Capri. Pastel signé.

75. **Sinet.** Le Baiser. Pastel signé.

76. **Sinet.** La Roche de Tibère à Capri. Pastel signé.

77. **Sinet.** Coucher de Soleil à Ostende. Pastel signé.

78. **Sinet.** Coucher de Soleil à Ostende. Pastel signé.

79. **Sinet.** Jeune femme à bord d'un yacht. Pastel signé et daté Dieppe 91.

TABLEAUX ANCIENS

80. **Breughel** (d'après Jan). Paysages avec rivières et nombreux villageois au premier plan. Deux pendants. Bois.

81. **Canaletti** (attribué à). Vues de Venise. Deux pendants. Toiles.

82. **Dietrich**. Paysages animés de figures et d'animaux. Deux pendants. Bois.

83. **Ecole ancienne**. Moïse frappant le rocher. Toile.

84. **Ecole Flamande**. Portrait d'un cardinal. Cuivre.

85. **Ecole Flamande**. Deux chevaux devant une masure. Bois.

86. **Ecole Française XVII**e **siècle**. Scène de bataille au temps des Croisades. Toile.

87. **Ecole Française XVII**e **siècle**. Le Jugement de Salomon. Toile, cadre ancien en bois sculpté et doré de l'époque Louis XIV.

88. **Ecole Française XVIII**e **siècle**. Portrait de femme avec roses au corsage. Toile.

89. **Ecole Française du XVIII**e **siècle**. Portrait de femme. Toile ovale.

90. **Ecole Française**. Nymphe et Amour. Toile ovale.

91. **Ecole Française**. Sainte Cécile. Toile.

92. **Ecole Française**. Femme assise. Toile.

93. **Ecole Hollandaise**. Marché au poisson. Bois.

94. **Ecole Hollandaise**. Deux Barques amarrées au bord d'une rivière. Bois.

95. **Ecole Italienne**. La Vierge et l'Enfant Jésus. Cuivre.

96. **Ecole Italienne**. Sainte Véronique. Toile.

97. **Ecole Italienne**. La Vierge adorant l'Enfant Jésus. Toile ovale.

98. **Gresli**. Sujets divers en forme de trompe-l'œil. Suite de quatre pièces. Toiles.

99. **Hondekoeter**. Chat, Renard et Pigeons. Toile.

100. **Lagrenée** (Attribué à). Une Vestale. Toile, cadre ancien en bois sculpté et doré.

101. **Michau** (Th.). Paysages accidentés avec rivières et chemins sinueux, cavaliers et villageois. Deux pendants. Bois.

102. **Mignon**. Nature morte : Radis, groseilles et cristaux. Toile signée *Mignon, 1674.*

103. **Monnoyer** (J.-B.). Fleurs. Toile. Cadre ancien en bois sculpté et doré.

104. **Nattier** (Ecole de). Portrait de Madame Louise de France, fille de Louis XV. Toile.

105. **Oudry** (attribué à J.-B.). Tête de loup. Toile ronde.

106. **Pater** (Genre de J.-B.). Réunion dans un parc. Toile.

107. **Pourbus** (Ecole de). Portrait de jeune femme au costume richement orné et avec large collerette de dentelle. Bois.

108. **Poussin** (attribué à Nic.). Moïse dans le désert. Bois.

109. **Téniers** (d'après). Le Médecin de village. Toile.

110. **Valenciennes**. Paysage avec figures et temple dans le fond. Bois.

111. **Vallin.** Baigneuse. Bois.

112. **Van Daël** (attribué à). Corbeille de fleurs. Bois.

113. **Van Gorp**. Jeunes femmes en costume directoire conversant. Toile vierge.

TABLEAUX MODERNES

114. **Abram** (Paul). Retour de la Pêche. Toile, signée et datée 95.

115. **Alaux**. Diseuse de bonne aventure. Toile, signée au verso et datée 1820.

116. **Bellangé** (attribué à Hyp.). Scène militaire. Toile.

117. **Blin** (F.). Paysage. Toile.

118. **Chintreuil**. Bords d'étang. Toile, signée. (Cachet de la vente).

119. **Choquet** (René). Amazone au Bois de Boulogne. Toile, signée et datée 1899.

120. **Choquet** (René). Baignade de chevaux aux bords de la mer. Toile, signée et datée 1897.

121. **Choquet** (René). Une Diligence au tournant d'une route en Bretagne. Toile, signée et datée 1897.

122. **Choquet** (René). Le marché du Cours-la-Reine. Toile signée.

123. **Choquet** (René). Vache dans un pâturage en Normandie. Toile, signée et datée 1902.

124. **Choquet** (René). Taureau dans un pâturage. Toile, signée et datée 1902.

125. **Coit**. Femme et enfant. Bois, signé et daté 55.

126. **Decamps** (d'après). Famille de paysans devant une chaumière. Toile.

127. **Ecole Française**. Portrait de femme coiffée d'un bonnet. Epoque de 1820. Toile.

128. **Ecole Moderne**. Paysage aux environs de Trouville. Bois.

129. **Ecole Moderne**. Chemin à l'entrée d'un Village. Bois.

130. **Ecole Moderne**. Femme couchée au bord de la mer. Bois.

131. **Ecole Moderne** .Allée sous bois. Toile marouflée sur carton.

132. **Ecole Moderne**. Groupe en costume romain. Bois.

133. **Ecole Moderne**. Chanteuse de café concert. Bois.

134. **Giroux** (André). Paysage avec lavandière. Toile signée.

135. **Gudin** (H.). La Pêche du hareng au Tréport. Bois, signé et daté 14 octobre 1885.

136. **Guillou** (Alfred). Baie de Concarneau. Toile, signée et datée 94.

137. **Kastor**. Laveuse au bord de la Seine aux Andelys. Toile signée.

138. **Kastor**. Vue du pont des Andelys. Bois signé.

139. **Kastor**. Vue des ruines du château Gaillard aux Andelys. Toile signée.

140. **Landsyer**. Cour de ferme. Toile signée et datée 65.

141. **Le Roux** (Charles). Sous bois. Panneau (signé et daté 1885 au verso).

142. **Moreau** (Adrien). Paysage avec cours d'eau. Bois, cachet de l'Artiste.

143. **Moreau** (Adrien). Pommier en fleurs. Bois, cachet de l'Artiste.

144. **Morrice**. Bords d'un canal à Venise. Toile signée.

145. **Noël** (Gustave). Une rue à Castelar près Menton. Peinture sur faïence, signée.

146. **Noël** (Gustave). Rochers de Cronac (Haute-Vienne). Peinture sur faïence, signée.

147. **Sinet**. Les Baigneuses. Toile signée.

148. **Sinet**. Bords de Marne. Toile signée à gauche.

149. **Sinet.** L'Enfant à la Rose. Pastel signé.

150. **Sinet.** Un petit bras de la Marne. Toile signée.

151. **Toulmouche.** Tête de jeune fille. Bois.

152. **Troyon** (genre de). Chemin sous bois. Toile.

Grande Imprimerie du Centre. — HERBIN, Montluçon.